동물이름 수수께끼

동물 이름 수수께끼

1쇄인쇄 2010년 5월 15일
7쇄발행 2017년 10월 15일

펴낸곳 루덴스 | **펴낸이** 이동숙 | **지은이** 김양진 | **그림** 종이비행기
편집 박정익 | **디자인** 모현정
등록 제16-4168호
주소 서울시 송파구 송파대로201 송파테라타워2 B동 919호 | **전화** 02)558-9312(3) | **팩스** 02)558-9314

값 9,000원 · ISBN 978-89-93473-24-7 74710 · ISBN 978-89-93473-22-3(세트)

ⓒ 김양진, 종이비행기, 루덴스 2017

책 내용의 전부 또는 일부를 재사용하려면 반드시 저자와 출판사의 동의를 받아야 합니다.
잘못 만들어진 책은 교환해 드립니다.

동물이름 수수께끼

김양진 글·종이비행기 그림

델렌스
루브

책을 내면서
우리말 동물 이름들의 유래

 옛날 우리 어머니들은 우는 갓난아이를 달랠 때는 어김없이 '호랑이'를 찾았어요. 정신없이 울던 갓난아이들도 '호랑이'이라는 말을 들으면 깜짝 놀라서 울음을 그쳤다지요. 그런데 갓난아이들이 어떻게 '호랑이'가 무서운 줄 알았을까요? 갓난아이들은 아직 '호랑이'가 무슨 뜻인지도 몰랐을 텐데요. 그리고 알았다 하더라도 동물원도 없던 옛날, 대부분의 갓난아이들은 호랑이를 한 번도 본 적이 없었을 텐데 말이지요. 그것은 갓난아이들이 울고 보챌 때 옛날 우리 어머니들이 갓난아이들에게 '호랑이가 온다'고

한 것이 아니라 순우리말로 '범이다' 이런 식으로 말했기 때문일 거예요. 그게 무슨 뜻이냐고요? '범!' 하고 한번 큰 소리로 말해 보세요. '범!' 이라는 말은 그냥 평범하게 들리지만 이 말은 그 옛날 산골짜기에서 호랑이가 산을 쩌렁쩌렁하게 울리는 소리를 옛 사람들이 우리말로 나타낸 말이랍니다. 우리는 흔히 호랑이가 '어흥' 하고 운다고 생각하지만 산골짜기에서 나는 호랑이의 울음은 그 '어흥' 이 울려서 '엉!' 혹은 '범!' 처럼 소리 나는 것이지요. 영어권에서는 이 '범' 이라는 소리가 폭탄이 터지는 소리처럼 느껴진다고 해요. 그래서 영어로는 이 말이 '폭탄' 이라는 말이지요. 하지만 우리들에게 '범!' 은 폭탄과 같은 위험물을 넘어서 산 전체를 쩌렁쩌렁 울리면서 지배하는 산신령 같은 존재였답니다. 그래서 모두들 '범' 을 두려워하면서도 '범' 을 섬기고 '범' 을 우리 생활 속의 커다란 존재로 받아들였던 것이지요. 우리 자연 속의 동물 이름들을 이렇게 '말' 과 관련해서 들으면 전혀 새로운 의미들이 드러납니다. 그리고 사실 그것은 새로운 것이 아니라 바로 그 말이 처음 생겨난 이유들인 것이지요. 이 책에 모은 이야기들은 이렇게 우리말 동물 이름들의 유래를 통해 이들이 우리와 친근한 이유를 다시금 새겨 보기 위한 것들이랍니다.

차례

소리에서 온 이름

범 10 · 꿩 12 · 병아리 13 · 딱따구리 14 · 부엉이 15

소쩍새 16 · 뻐꾸기 17 · 고양이 18 · 개 19 · 개구리 20

모양에서 온 이름

가재 23 · 두꺼비 24 · 넙치 25 · 돌고래 26 · 갈치 27

고슴도치 28 · 생쥐와 생토끼 29 · 염소와 코뿔소 30

영덕 대게 31 · 바퀴벌레 32 · 방아깨비 33

동작에서 온 이름

나비 37 · 톡토기 38 · 쐐기 39 · 베짱이 40 · 미꾸라지 41

제비 42 · 날치 43 · 두더지 44 · 다람쥐 45 · 거미 46

개미핥기 47 · 거머리 48

색깔에서 온 이름

불개미 51 · 불가사리 52 · 불곰 53 · 불여우 54

파랑새 55 · 노루 56 · 해오라기 57 · 까마귀 58

가마우지 59 · 올빼미 60

다른 말에서 온 이름들

박쥐-쥐 63 · 게아재비-게 64 · 버마재비-범 65

살쾡이-고양이 66 · 도마뱀-도마 67

멧돼지, 멧새, 메뚜기, 멧닭, 멧비둘기 68 · 노린재-냄새 70

권말부록
도전, 국어왕! 71

국어 교과 과정 연계표

학년		단원		관련내용
초등		국어 ❶-가	3. 글자를 만들어요	여러 가지 낱말 만들기	어휘력
	국어 ❶-나	6. 문장을 바르게	흉내 내는 말	의성어, 의태어
	국어 ❸-가	3. 이렇게 해 보아요	수수께끼 만들기	개념 이해, 어휘력
		5. 무엇이 중요할까 (본문 수록!)	설명하는 글 쓰기	글쓰기, 논술
		6. 알기 쉽게 차례대로	일이 일어난 차례에 따라 말하기	글쓰기, 논술
	국어 ❸-나	11. 재미가 새록새록	재미있는 말 찾기	어휘력
	3학년 1학기	넷째 마당 - 우리들의 꿈	(1) 이야기와의 만남	이야기 꾸며 쓰기
		다섯째 마당 - 앎의 즐거움	(2) 알면 힘이 솟아요	내용 정리하기, 글쓰기
	4학년 1학기	다섯째 마당 - 감동의 메아리	(1) 마음의 창을 열고	속담
	5학년 1학기	둘째 마당 - 사실과 발견	(2) 알리고 싶은 내용	고유어
	5학년 2학기	둘째 마당 - 발견하는 기쁨	(2) 차근차근 알아보며	표준어, 방언
	6학년 1학기	다섯째 마당 - 마음을 나누며	(1) 소중한 우리말	고유어
			(2) 나눔과 어울림	속담, 관용어
중등	1학년 1학기	국어 6. 언어의 세계	(2) 문자의 기원	어원
		생활국어 4. 국어 생활의 반성	(1) 외래어, 은어, 비속어, 유행어	고유어
	2학년 1학기	국어 5. 글과 사전	(1) 사전을 찾아가며 읽는 즐거움	어휘력
		생활국어 3. 국어의 언어적 특징과 음운	(1) 국어의 언어적 특징	언어의 변화
	2학년 2학기	생활국어 2. 낱말 형성법과 국어의 관용어	(2) 국어의 관용어	속담, 관용어
	3학년 1학기	국어 2. 중심 내용 파악하기	(1) 표준어와 방언	고유어, 방언
		생활국어 6. 남북한의 언어	(1) 남북한 언어의 차이	고유어
고등	1학년 2학기	1. 국어가 걸어온 길	(1) 고대 국어	고유어, 고대의 국어 생활
			(2) 중세 국어	고유어, 언어의 변화
			(3) 근대 국어	언어의 변화

소리에서 온 이름

개구리는 어디에서 왔을까?

범

호랑이의 순우리말은 '범'이에요. 옛날 우리나라 사람들은 범을 무척이나 무서워했어요. 할아버지 할머니들이 잠을 안 자고 보채는 아이들을 재울 때 '잠 안 자면 범이 잡아간다' 하고 겁을 주실 정도였지요.

어흥
범
엉

범의 울음소리는 '어흥'이에요. 그런데 숲이 울창한 산속에는 빽빽한 나무와 골짜기 때문에 '범'의 울음소리가 '엉!' 하고 들린답니다. 사실은 울림소리가 벙벙해져서 '범!' 하고 들려요. 서양 사람들은 폭탄이 터지는 소리를 '범(bomb)!' 이라고 하는데, 우리나라 사람들한테는 숲 속에서 큰소리로 우는 범의 울음소리가 마치 '범!' 하고 폭탄 터지는 소리처럼 들렸던 거예요. 어때요. 이제는 '범!' 하면 무섭죠?

꿩

꿩 가족이 나들이를 나왔어요.

꿩은 수컷을 장끼라고 하고 암컷을 까투리라고 해요. 그리고 새끼는 꺼병이라고 하지요.

그런데 아빠 꿩이 보이질 않네요? 어디로 갔을까요?

갑자기 숲 속에서 '꿩!' 하는 울음소리가 들려요.

"엄마! 아빠가 저기 숲 속에 있나 봐요."

'꿩'은 아빠 꿩의 울음소리에서 따온 말이랍니다.

병아리

　엄마 닭을 따라서 병아리들이 종종걸음으로 따라가고 있어요. 아빠 닭은 멀찌감치 떨어져 있네요.

　아빠 닭이 꼬끼오 하고 울자 엄마 닭이 꼬꼬댁 하고 따라 울어요. 병아리들은 삐약삐약 울어대지요.

　그런데 옛날에는 병아리가 '비육비육' 운다고 생각했어요. '비육' 거리며 우는 '아기'라는 뜻으로 '비육아리'라고 부르다가 점점 '비가리', '빙아리', '뼝아리'로 소리가 바뀌어서 지금은 '병아리' 또는 '뼝아리'라고 한답니다.

딱따구리

딱딱딱딱딱딱 딱딱딱딱딱딱

숲 속에 딱따구리가 찾아왔어요. 딱따구리는 나무껍질을 뚫는 데 선수예요. 딱딱한 부리로 딱딱한 나무껍질을 뚫고 있어요.

딱딱딱딱딱 딱딱딱딱딱

조용하던 숲 속이 시끄러운 소리로 가득 찼어요.

나무껍질을 다 뚫은 딱따구리는 깊숙한 나무 구멍 안에 보금자리를 만들고 푸르스름한 알을 낳아요. 알을 깨고 나온 새끼 딱따구리도 어른이 되면 나무를 '딱딱딱딱' 쪼아 댈 거예요.

부엉이

한낮의 시끄러운 소리가 가라앉고 밤이 찾아왔어요. 모두들 잠든 깊은 밤에 잠못 드는 새가 있어요. 바로 부엉이에요.

부엉이는 아무도 없는 한밤중에 자기 혼자만 있어서 너무 심심한가 봐요. 말 없이 내려다보기만 하는 달님을 쳐다보며 '부~부~' 하고 슬픈 울음소리를 내요. 잘 들어 보면 꼭 '엉엉' 우는 것 같아요.

소쩍새

소쩍 소쩍 소쩍 소쩍 소쩍 소쩍

한밤중에 우는 새는 부엉이만 있는 게 아니에요. 소쩍새도 부엉이처럼 밤에 울어요. 부엉이랑 비슷하게 생겼지만 크기가 좀 더 작은 소쩍새는 주로 초여름에 우리나라를 찾아와요.

곡식이 무르익는 가을과 달리 초여름에는 숲 속에 먹을 게 별로 없어요. 그래서 소쩍새는 밤새 배가 고프다고 울어대는 모양이에요. 그런데 배가 고파서 울어서 그런지 '소쩍소쩍' 하는 울음소리가 꼭 '솥 적다, 솥 적다' 말하는 것 같아요.

뻐꾸기

　뻐꾸기는 새 중에서도 목소리가 제일 큰 새예요. '뻐꾹뻐꾹' 하고 짝을 찾아 울음을 울 때면 다른 새들의 소리는 들리지도 않아요. 아마도 뻐꾸기의 긴 목에서 그렇게 큰 소리가 나오는지도 모르겠어요.
　사람들은 그래서 뻐꾸기의 소리를 벽시계에 담아서 시계 소리 대신 뻐꾸기 울음소리가 들리게 했나 봐요. 집안을 쩌렁쩌렁 울리는 '뻐꾹뻐꾹' 뻐꾸기시계 소리가 몇 시를 가리키는지 잘 들어 보세요.

고양이

고니 고니 고니 고니 고니

고양이의 옛날 말은 '고니'였어요. '고니'는 '고이'라고도 발음을 했는데, 새끼를 나타내는 '-앙이'가 붙어서 '고니앙이' 혹은 '고이앙이'가 되었다가 '고냥이'나 '고양이'로 바뀌었답니다. 지금은 주로 '고양이'만 사용되지만 지방에서는 아직도 '고냥이'나 '고냉이'라고 하는 곳도 있어요. 고양이 울음소리를 잘 들어 보면 '고이~' 혹은 '고니~' 하고 우는 것을 알 수 있어요.

그런데 바닷가에 살고 있는 갈매기 중에 꼭 고양이처럼 '고이~' 혹은 '괘이~' 하고 우는 새가 있어요. 꼭 고양이처럼 운다고 해서 '괭이갈매기'라고 부른답니다. 괭이는 '고양이'의 지방말이에요.

개는 어떻게 울까요? '멍멍' 하고 운다고 생각하는 사람도 있고, '왕왕' 하고 운다는 사람도 있고, '컹컹' 하고 운다는 사람도 있어요. 미국 사람들은 '바우와우' 하고 운다고 생각하는 것을 보면 나라마다 개 울음소리가 다른지도 모르겠어요.

그런데 우리나라 옛날 사람들은 '개'를 '가히'라고 불렀어요. 정확하게는 '가흐'라고 불렀답니다. 어쩌면 우리나라 옛날 사람들은 개의 울음소리가 '가흐가흐' 하고 난다고 생각했던 모양이에요. 지금도 앞마당에서 개가 짖는 것을 잘 들어 보면 '가흐가흐' 하고 들리는 것도 같아요. 잘 들어 보세요.

개구리

"개굴개굴 개구리 노래를 한다. 아들 손자 며느리 다 모여서." 개구리는 '개굴개굴' 울어대는 개구리의 소리에서 따온 이름이에요. 개구리의 울음소리를 딴 시도 있답니다.

개구리　　 - 한하운

가갸 거겨
고교 구규
그기 가
라랴 러려
로료 루류
르리 라

어때요? 한글 발음이 꼭 개구리 울음 같죠?

모양에서 온 이름

고슴도치는 어디에서 왔을까?

가재

옛날 숲 속 작은 연못에서는 찌게찌게 가재가 대장이었어요. 푸~ 푸~ 개구리도, 따단따단 소라도 가재한테는 꼼짝 못했지요. 가재는 양손에 무시무시한 가위를 들었기 때문이에요.

가위의 옛날 말은 '가시개' 혹은 '가지개' 였어요. 지금도 지방에서는 '가위'를 '가새'라고 하는데요, 그것은 '가시개'가 변한 말이고요, **'가재'는 바로 '가지개'에서 변한 말이랍니다.** 양손에 가위를 들고 연못의 동물들을 괴롭히던 '가재'가 지금은 숲 속의 멋쟁이 이발사가 되었어요. 그래서 별명도 '가위손'이랍니다.

모양에서 온 이름

두꺼비

두꺼비는 등짝에 우툴두툴하게 혹이 났어요. 두툼한 혹들이 얼핏 무서워 보이지만 자세히 보면 아주 귀엽답니다. **두꺼운 등짝 때문에 두꺼비라는 이름이 붙었어요.**

사실 두꺼비가 두껍게 들고 다니는 혹들은 친구들에게 나누어 줄 복덩어리들이에요. 모두모두 두꺼비님이 선물을 나누어 주는 자리에 모이세요. 그 대신 두꺼비님이 복덩어리를 나누어 주기 전에 선물에 먼저 손대서는 안 돼요. 순서를 지키지 않으면 복들이 달아나 버린대요.

넙치

바닷속 깊은 곳에는 넙치가 살아요. **넙치는 몸이 옆으로 넓게 퍼져 있어서 넙치랍니다.** 넙치는 깊은 바닷속에서 몸을 한쪽으로 붙이고 살아요. 그래서 넙치의 눈은 둘 다 머리 왼쪽으로 몰려 있답니다. 양쪽에 다 있으면 한쪽에 바다 바닥의 모래나 흙이 들어가기 때문이에요.

넙치의 친구 가자미는 넙치랑 똑같이 넓적하게 생겼고, 바닷속 바닥에서 살아가지만 넙치와는 반대로 눈이 둘 다 머리 오른쪽에 몰려 있어요. 넙치랑 헷갈리면 안 되니까요.

돌고래

바닷속에서 제일 똑똑한 물고기는 바로 돌고래예요. 돌고래의 옛날 이름은 '돝고래' 였는데요, '돝고래'에서 '돝'은 '돼지'의 옛날 말이에요. 그러니까 '돌고래'는 바로 '돼지고래'라는 뜻이에요. 그래서 '돌고래'의 다른 이름은 '물돼지'랍니다.

돌고래를 가까이서 자세히 보면 납작한 코하며 작은 눈하며 돼지하고 비슷하게 생겼다는 것을 알 수 있어요. 그리고 사실 돼지도 사람들의 생각과 달리 돌고래 못지 않게 아주 똑똑하답니다. 다만 돼지는 우리에 살아서 좀 지저분하고 돌고래는 바닷속에서 살아서 아주 깨끗하다는 점이 다를 뿐이지요.

갈치

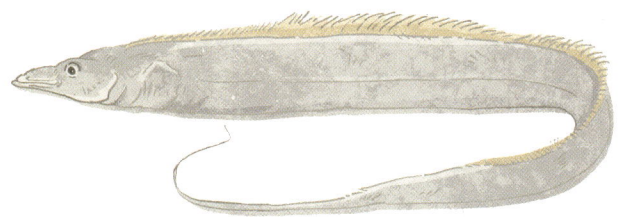

바닷속에는 멋있는 친구들이 아주 많아요. 그중에서도 반짝반짝 은빛이 나는 멋진 칼처럼 생긴 갈치야말로 진짜 멋쟁이에요. '칼'은 옛날에는 '갈'이라고 했답니다. 그래서 **'칼'처럼 생긴 이 생선을 '갈치'라고 해요.** 하지만 어떤 사람들은 '칼치'라고도 한답니다.

갈치들은 떼로 몰려다니는 것을 좋아하는데요, 갈치들이 떼로 몰려서 지나갈 때면 어두운 바닷속도 햇빛을 받아 바깥세상처럼 환해진답니다.

고슴도치

돼지하고 비슷하게 생긴 동물 중에는 고슴도치도 있어요. '고슴도치'의 옛날 이름은 '고솜돝'이었는데요, '고솜'은 '삐죽삐죽한 것'이라는 뜻이고요, '돝'은 '돼지'의 옛날 말이에요.

사실 온몸에 나 있는 삐죽삐죽한 가시들만 없으면 고슴도치는 돌고래보다 더 돼지하고 비슷하게 생겼답니다. 하지만 그렇다고 고슴도치의 가시들을 없애지 마세요. 고슴도치의 가시들은 힘없는 고슴도치의 안전을 보호할 수 있는 하나밖에 없는 방어막이니까요.

생쥐와 생토끼

생쥐는 왜 생쥐일까요? 쌩~ 하고 달리기 때문일까요? 아니에요. '생쥐'는 본래 '생강쥐'라는 말이 변해서 만들어진 말이에요. 생쥐가 꼭 뭉툭뭉툭한 생강처럼 생겼기 때문인데요. '생강쥐'가 '새앙쥐'가 되었다가 '새앙쥐'가 다시 '생쥐'로 바뀌게 되었지요.

이렇게 생강처럼 생긴 동물에는 생토끼도 빼 놓을 수 없지요. 생토끼도 커다란 생강처럼 생겼어요. 그래서 본래는 '생강토끼'라고 불렀는데, 지금은 그냥 줄어들어서 '생토끼'라고만 부르지요.

염소와 코뿔소

　태어날 때부터 할아버지처럼 수염을 달고 태어나는 '염소'는 본래 '수염소'라는 뜻에서 온 말이에요. 울음소리나 먹는 거는 소하고 비슷한데, 턱 밑에 할아버지 수염이 있다는 게 달라서 '염소'라고 부르는 거예요.
　덩치도 크고 소처럼 우직한 코뿔소는 코에 뿔이 나 있어서 '코뿔소'라고 부르지요. 하지만 사실 코뿔소의 뿔은 딱딱하기는 하지만 진짜 뿔이 아니고 근육이 뭉쳐서 뿔처럼 보이는 거랍니다.

영덕 대게

　우리나라 동해안에서 중간쯤 되는 곳에 영덕이라는 지방이 있어요. 그 근처에는 울진이나 포항 같은 항구도시가 함께 자리 잡고 있는데요, 이 지방에서는 다른 곳에서는 나지 않는 특이한 게가 잡혀요. 바로 '영덕 대게'라고 부르는 게인데요. 영덕 대게는 온몸이 주황색인데, 특히 다리가 길쭉길쭉하게 생긴 게 다른 게들하고 다른 점이에요.

　영덕 대게는 살도 많고 쫄깃쫄깃해서 많은 사람들이 좋아하는데요. 그 **길쭉한 다리 모양이 사실은 꼭 대나무 같다고 해서 대게라고 하는 거예요**. 그러니까 '큰 게'라는 뜻으로 '대게'라고 하는 게 아니라 '대나무 게'라는 뜻으로 '대게'라고 하는 거지요.

모양에서 온 이름 31

바퀴벌레

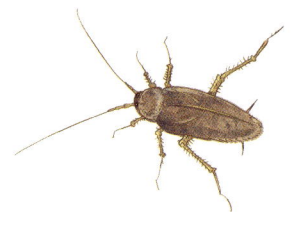

어린이들 중에는 바퀴벌레를 싫어하는 어린이도 많겠지요? 하지만 옛날 사람들은 바퀴벌레를 요즘처럼 싫어하지는 않았어요. 바퀴벌레에는 특이한 향기가 나는데 사람들은 이걸로 화장품을 만들기도 했대요. 그래서 바퀴벌레의 다른 이름이 '향기가 나는 아가씨' 라는 뜻으로 '향랑자' 였다는군요.

그건 그렇고, 왜 이 곤충을 '바퀴' 혹은 '바퀴벌레' 라고 부르냐고요? 그건 이 곤충의 입 부분에 바퀴처럼 생긴 기관이 있어서 음식을 먹을 때는 그 기관이 꼭 바퀴가 구르는 것처럼 위잉 돌아가기 때문이지요.

방아깨비

한여름 풀밭에서 가장 눈에 많이 띄는 곤충은 바로 방아깨비예요. 방아깨비는 다리도 길쭉하고 몸매도 미끈해서 곤충 세계의 기린이라고 불릴 만한 곤충이에요. 방아깨비는 긴 다리로 뛰기도 잘 뛰지만, 날개도 길쭉해서 파라락 날아갈 때도 멋있는 곤충이에요.

하지만 방아깨비는 움직임이 그다지 빠르지 않아서 사람들 손에 잘 잡히는데요, **사람들이 손으로 두 다리를 꼭 집으면 방아를 찧는 것처럼 아래위로 쿵더쿵 쿵더쿵 하고 몸을 놀려요.** 그런데 잘못하면 그렇게 움직이다가 다리가 부러질 수 있으니까 어린이 여러분은 방아깨비를 가지고 그런 장난을 하면 안 돼요.

동작에서 온 이름

나비는 어디에서 왔을까?

꽃밭에서 나비가 작은 날개를 움직이며 나풀나풀 날아가요. 나비는 이렇게 '**납작하고 얇은 날개를 나풀거리며 날아가는 곤충**'이라는 뜻에서 붙여진 이름이에요. 작은 입을 움직여 자꾸 이야기하는 것을 나불나불 말한다고 하는데, 이 말도 같은 데서 온 말이지요.

이렇게 나비의 날개가 펄럭이는 일이나 꽃잎 같은 게 바람에 날려 흩어지는 것을 나부낀다고 하는데, 이 나부낀다는 말도 '나풀나풀'이라는 말에서 온 말이랍니다.

톡토기

화분이나 앞마당에 핀 꽃을 잘 살펴보면 작고 동그란 공 모양의 톡토기를 볼 수 있어요. '톡톡' 튀어 다니기 때문에 '톡토기'라고 불러요. 톡토기는 아주 작아서 자세히 보지 않으면 잘 보이지 않지만, 꼭 벼룩처럼 톡톡 튀어서 다니기 때문에 한번 찾으면 쉽게 관찰할 수 있어요.

톡토기는 주로 꽃가루를 먹고 살기 때문에 꽃 속에 있는 암술과 수술에 붙어 있는 경우가 많습니다. 하지만 실내에 있는 화분 같은 데서 뛰어나와 거실이랑 부엌을 뛰어다니는 경우도 종종 있답니다.

쐐기

 풀숲에 사는 곤충 중에서 가장 조심해야 하는 곤충은 쐐기예요. 몸빛이 초록색이어서 풀잎에 붙어 있으면 눈에 잘 띄지 않는 곤충인데요, 자신을 방어하기 위해 여기저기에 작은 쐐기털을 가지고 있다가 여기에서 독성이 있는 산을 쏘기 때문에 '쐐기'라고 해요.

 '쐐기'는 쐐기나방의 애벌레인데, **옛날 말은 '쏘야기'였어요.** '쏘이는 벌레'라는 뜻이지요. 쐐기벌레의 독은 꽤 독해서 이 벌레한테 쏘이면 그 부위가 통통 붓고 따갑고 쓰리고 간지러워서 견디기 어려워요. 모두들 쐐기벌레를 만나면 만지지 말고 무조건 피해 가세요.

베짱이

　베짱이는 숲속에서 가장 유명한 음악가예요. 초록빛 연미복을 입고 긴 더듬이 악기를 들고 있는 모습은 멋진 바이올리니스트 같아요. 그래서 숲 속 친구 모두가 베짱이를 좋아하지요.
　베짱이의 울음소리는 '쓰윽찍 쓰윽찍' 하고 들리는데, 마치 옛날에 베틀에서 천을 짤 때 씨줄, 날줄이 움직이면서 내는 소리 같아요. 사실 알고 보면 **베짱이의 옛날 말은 바로 '베짜기/뵈짜기'** 였는데, 이 말은 바로 '베를 짜는 곤충'이라는 뜻이었지요. 그래서인지 한여름밤 베짱이의 연주는 마치 한 폭의 비단처럼 아름답지요.

미꾸라지

 미꾸라지는 진흙 목욕을 좋아해요. 그래서 진흙이 많은 실개천의 바닥에서 주로 살아가지요. 미꾸라지는 실개천 바닥의 진흙을 뒤지면 쉽게 찾아낼 수 있지만 맨손으로 잡기는 쉽지 않아요. 미꾸라지의 몸에서 나오는 기름 성분 때문에 손에 잡히지 않고 자꾸 미끄러지기 때문이에요.
 이렇게 자꾸 미끄러지는 물고기라는 뜻으로 '미끌'에 물고기를 나타내는 '-이'를 덧붙여서 만들어진 **'미꾸리'** 하고 어린 동물을 나타내는 '아지'가 붙어서 만들어진 말이 '미꾸라지'예요.

제비

　제비는 주로 여름철에 우리나라를 찾는 여름 철새예요. 그런데 제비는 다른 새들과 달리 날아갈 때 날개를 힘차게 펄럭인 다음에 날개를 뒤로 접고 몸을 최대한 작게 만들어서 더 빠른 속도로 날아갈 수 있답니다. **제비의 옛날 말은 '뎝이'였는데, 날개를 '접는다'는 뜻에서 나온 말이지요.**
　특히 제비가 물 위를 스치듯 날아서 쏜살같이 날아가는 모습을 '물 찬 제비 같다'고 하는데요, 동작이 아주 잽싸고 빠른 경우에 쓰는 말이지요.

날치

　바닷속에 사는 물고기들은 대부분 물속에서 멀리 벗어 날 수 없어요. 우리들과는 달리 물고기들은 물이 없으면 숨을 쉴 수 없기 때문이지요. 하지만 바닷속에서 하늘을 향해서 높이, 그리고 멀리뛰기를 하면 당연히 챔피언은 '날치'예요.

　날치는 넓은 가슴지느러미를 날개처럼 펴고 꼬리지느러미로 바다 위를 차고 뛰어올라서 아주 멀리까지 갈 수 있어요. 날치가 바다 위에서 뛰쳐나가는 모습은 새가 하늘을 날아가는 것 같아서 사람들은 이 물고기를 **날아가는 물고기**라는 뜻에서 '날치'라고 붙였어요.

두더지

땅 파기 대회를 열면 가장 빨리 파는 동물은 무엇일까요? 쥐처럼 생겼지만 쥐보다는 좀 더 크고 앞발이 발달한 두더지라는 동물이에요. 두더지는 눈이 잘 안 보이기 때문에 느낌과 냄새만으로 땅을 파서 장소를 옮기는데, 특히 두더지의 앞발은 꼭 포클레인 같아서 땅을 순식간에 파헤치는 데는 당할 자가 없답니다.

'두더지'는 본래 '두디쥐'라는 말이 바뀐 말이에요. 이 말은 '두디는 쥐'라는 뜻인데, '두딘다'는 말은 지금의 '뒤진다'는 뜻이에요. 그러니까 이 말은 본래 '뒤지는 쥐'라는 뜻이었던 거죠. 두더지가 땅을 파는 모습이 마치 땅속을 뒤져서 무언가를 찾는 모습 같았던 모양이에요.

다람쥐

도토리 점심을 가지고 산골짝의 떡갈나무 숲을 돌아다니는 '다람쥐'는 어디에서 왔을까요? '다람쥐'라는 말은 사실 '달리는 쥐'라는 뜻에서 온 말이랍니다.

옛날 할머니 할아버지들은 뛰어다니는 것을 '달음질한다'거나 '달음박질한다'고 하셨는데요, 이때의 '달음'이라는 말이 바로 '다람쥐'의 어원이랍니다. 그러니까 '다람쥐'는 '달음질하는 쥐', 이런 말에서 온 말이라는 거지요. 여기서 '쥐'는 '다람쥐'가 쥐랑 비슷하게 생겨서 붙은 말이지만 사실 '다람쥐'는 '쥐'하고는 서로 다른 종류의 동물이에요.

거미

거미는 곤충이 아니에요. 다른 곤충들이 몸이 세 부분으로 되어 있고 다리가 여섯 개인 데 비해, 거미는 몸은 두 부분으로 되어 있고 다리도 여덟 개나 있어서 곤충 종류에 포함되지 않지요. 다른 곤충들이 몸의 각 부분에 두 개씩의 다리가 있어서 몸통을 지탱하는 반면에 거미는 몸통 하나에 다리 여덟 개가 한꺼번에 붙어 있어서 매우 안정적인 자세를 취할 수 있답니다.

거미는 집이나 숲 근처에서 기둥이나 나무에 거미줄을 쳐 놓고 먹이를 기다렸다가 먹이가 잡히면 여덟 개의 다리로 먹이를 거머잡아서 먹어요. 그렇기 때문에 '거머잡는 것'이라는 뜻에서 '거미'라고 해요.

개미핥기

　동작을 나타내는 말이 변해서 동물의 이름이 된 말 중에서 제일 재미있는 말은 '개미핥기'라는 말이에요. 말 그대로 **'개미를 핥아 먹는 동물'**이 바로 '개미핥기'예요. 개미핥기는 미국 아래쪽의 중남미 대륙에서 주로 살아가는데, 긴 혀로 하루에 3만 마리의 개미를 핥아 먹을 정도로 대식가예요.

　특히 개미핥기는 작은 구멍 속에 들어 있는 개미들을 잡아먹기 위해서 이빨이 없는 작고 긴 입이 특징적이에요. 물론 그 속에는 입보다 더 길고 끈적끈적한 침이 발라진 혀가 감추어져 있지요.

거머리

여름철에 물놀이를 하다 보면 뜻하지 않게 다리에 불그스름하기도 하고 거무스름하기도 한 이상한 벌레가 달라붙어 있는 경우가 있어요. 바로 거머리예요. 거머리는 몸 바닥에 나 있는 빨판으로 사람이나 동물의 몸을 **거머쥐듯이 달라붙어 피를 빨아 먹는 기생 동물이에요.**

거머리의 침에는 마취제가 있어서 피가 빨리는 동안에는 통증도 거의 느끼지 못하고요, 빨판의 힘이 세서 그냥 손으로 떼어서는 잘 떨어지지도 않아요. 거머리를 떼려면 비누칠을 하는 것이 가장 좋아요.

색깔에서 온 이름

파랑새는 어디에서 왔을까?

불개미

개미는 부지런하기로 소문난 곤충이지요. 일개미들이 온종일 열심히 일해서 사회를 이루고 살아가는 개미들의 생활은 사람들도 배우고 싶어 하지요. 주변에서 흔히 볼 수 있는 개미는 집개미, 가시개미, 주름개미, 왕개미 등이 있는데, 모두 검은색이지요. 그런데 집에서 돌아다니는 개미 중에 온몸이 약간 투명한 붉은색 개미가 있어요. 바로 불개미지요.

불개미는 '붉은색 개미'라는 뜻이에요. 다른 개미들에 비하면 크기가 작은 편인데, 작은 고추가 매운 것처럼 작지만 독이 있어서 물리면 아주 따갑고 가려우니까 물리지 않도록 조심해야 해요.

불가사리

　불가사리는 바다 밑 갯벌에 살면서 주로 조개류를 잡아먹고 사는 뼈 없는 동물이에요. 불가사리는 바다 바닥을 기어 다니기도 하지만, 보통은 바다의 흐름을 타고 옮겨 다녀요. 바다 바닥에 붙어서 움직이지 않고 있을 때는 살아 있는 동물인지 그냥 바다 바닥에 난 선인장 같은 풀인지 알 수 없어요. 그래서 **불가사리는 '붉은색을 띠고 있는 가사리'** 라는 뜻으로 이르는 말이에요.

　바다 바닥에는 '가사리'라는 바다 잡초들이 많이 있는데, 가사리에는 풀가사리, 우뭇가사리, 돌가사리, 실가사리 등 다양한 종류가 있답니다.

동물원에 가면 커다란 곰들이 많이 있어요. 사파리에 있는 곰들은 대개는 검은색의 곰들인데요, 곰 우리에 가면 온몸의 털이 하얀색인 백곰이나 **온몸의 털이 붉은색(사실은 갈색에 가까워요)**인 불곰도 만나 볼 수 있어요.

불곰은 곰 종류 중에서 가장 크고 사나워서 조심해야 해요. 불곰은 호랑이하고 싸워도 지지 않을 정도로 힘이 센 데다가 몸무게가 호랑이의 두 배나 나간답니다.

불여우

 불여우는 온몸이 붉은색 털로 덮인 여우예요. 보통의 여우가 노란색에 가까운 색깔을 가지고 있는 것에 비하면 불여우는 밝은 빨간색이 많이 섞인 털을 가지고 있어서 붉은여우라고도 해요. 생김새는 전체적으로 홀쭉하고 주둥이가 길고 뾰족하지요.

 불여우는 특히 사막이나 넓은 초원 지대에 많이 살고 있는데요, 눈치가 빠르고 머리가 좋아서 아주 약고 재빠른 사람을 말할 때 흔히 '불여우 같다'는 표현을 쓰는데, 바로 불여우의 그런 속성 때문이지요.

　파랑새는 이름 그대로 온몸이 파란색인 새예요. 실제로는 파란색에 초록색이 섞인 색을 띠고 있는데, 머리하고 꼬리만은 검은색을 띠고 있어요. 날개에는 흰색 무늬가 있는데, 날아갈 때는 흰색 무늬가 눈에 띄어서 파랑새라기보다는 하양새 같은 느낌을 주지요.

　특히 파랑새는 동화「파랑새」에서 치르치르와 미치르가 찾아 헤매다가 결국은 자신들의 집에서 키우던 비둘기가 파랑새였음을 깨닫는 이야기로 널리 알려진 새예요.

노루

  노루는 사슴하고 비슷하지만 뿔이 없는 게 좀 달라요. 털 빛깔도 사슴이 좀 더 다양하고 아름답다면 노루는 평범한 노란색 털을 가지고 있을 뿐이에요. 하지만 노루의 노란색은 노루가 들판에 숨어 있을 때 눈에 잘 띄지 않게 해 주는 보호색 역할을 한답니다.

  아마도 '노루' 라는 말은 '노란색' 의 '노르-' 라는 말과 상관이 있는 것 같아요. 우리나라 옛날 사람들은 땅을 '노' 라고 불렀는데, 어쩌면 땅의 색깔과 노루의 색깔, '노랗다' 라는 표현 모두 같은 말에서 나왔을지도 몰라요.

해오라기

이름에 하얀색이 들어간 동물로 가장 대표적인 동물이 해오라기예요. **해오라기의 옛날 이름은 '하야로비'였는데요,** '하야로비'란 '하얀 깃털을 가진 새'라는 뜻이지요. 하지만 실제로는 몸 아랫부분은 눈부신 하얀색이지만, 몸 위쪽의 날개 부분은 회색을 띠고 있고 머리는 검은색을 띠고 있어요.

온몸이 하얀 새로는 사실 백로나 두루미를 드는 것이 더 나을 거예요. 왜가리도 하얀색을 띠기는 하는데, 해오라기처럼 날개 부분이 회색이지요. 그러고 보니 백조하고 오리가 해오라기보다는 더 하얀색인데 왜 해오라기만 '하얗다'에서 발달했는지 조금 이상하기는 하군요.

색깔에서 온 이름 57

까마귀

온몸이 검은색을 띠고 있는 가장 대표적인 새는 물론 까마귀이지요. 까마귀는 머리끝부터 발끝까지, 눈동자에 이르기까지 온통 까만 새예요. **까마귀의 옛 이름은 '가마괴'였는데,** '가마'는 검다는 뜻을 나타내는 말이고 '괴'는 울음소리가 고양이 같다는 뜻에서 붙여진 이름이에요. 까마귀의 울음소리를 잘 들어 보면 꼭 고양이가 앓는 소리랑 비슷하답니다.

'가마괴'에서 '까마귀'로 바뀐 이유가 무엇인지는 분명하지 않아요. 제 생각에는 '가마괴'가 까악까악 하고 우니까 거기에 끌려서 '가마괴'도 '까마귀'로 바뀐 게 아닌가 싶어요.

가마우지

물가에 사는 오리 비슷한 새 중에 까마귀처럼 온몸이 검은 새가 있어요. 바로 가마우지라는 새인데요, 가마우지는 목이 길고 입이 커서 물고기 사냥을 잘해요. 사람들 중에는 가마우지의 이런 특징을 이용해서 낚시를 하는 사람도 있어요.

가마우지의 옛말은 '가마오디' 였는데, 오디라는 말은 옛날에 검은색 칠을 할 때 쓰던 '옻' 이라는 나무, 또는 그 나무에서 나온 색을 가리키는 말이에요. 그러니까 '가마오디' 라는 말은 '검은 옻 빛깔' 이라는 뜻으로, 진짜 검은색이라는 뜻이었던 거죠.

올빼미

부엉이나 소쩍새처럼 밤에 활동하는 대표적인 새로 올빼미가 있어요. 생긴 것은 소쩍새랑 비슷하고요, 귀에 깃이 없는 것이 부엉이와 달라요. 다른 새들이 밤에 잘 돌아다닐 수 없는 데 비해서 올빼미는 눈이 밝고 귀가 밝아서 밤에도 잘 돌아다닐 수 있어요.

올빼미의 옛날 이름은 '올'이었는데요, '올'은 옛날에 검은색 칠을 할 때 쓰던 '옻'이라는 나무, 또는 그 나무에서 나온 색을 가리키는 말이라는 거 잘 알죠? 그러니까 '올밤'이라는 말은 칠흑같이 어두운 밤을 가리키는 말이에요. 칠흑같이 어두운 밤에 작은 눈을 동그랗게 뜨고 날아다니는 새, 올빼미는 바로 '올밤'이라는 말이 변해서 만들어진 말이에요.

다른 말에서 온 이름

도마뱀은 어디에서 왔을까?

박쥐

박쥐는 생긴 건 꼭 쥐처럼 생겼지만, 쥐와 달리 날개가 있고 밤에만 돌아다니는 동물이에요. 새처럼 생활하지만 새도 아니에요. 박쥐는 눈이 나빠서 한 치 앞도 구별할 수 없지만, 귀가 밝아서 소리의 파동을 통해 어두운 동굴이나 막힌 공간에서도 살아갈 수 있어요.

이렇게 밤이나 어두운 곳에서도 잘 돌아다니는 것은 이 동물의 '귀가 밝기' 때문이에요. 그래서 사람들은 이 동물을 '귀가 밝은 쥐' 또는 '밤눈이 밝은 쥐'라는 뜻으로 '밝쥐'라고 부르다가 지금은 소리 나는 대로 '박쥐'라고 부르게 된 거예요.

게아재비

곤충 중에는 어떤 다른 동물하고 비슷하게 생겨서 그 비슷한 동물의 이름을 붙여서 지어지는 경우도 있어요. '게아재비'라는 곤충은 '게'하고 비슷하지만 '게' 종류는 아니에요. **'아재비' 라는 말은 '아저씨' 라는 말로**, 가까운 친척 같이 생겼다는 뜻으로 쓰는 말이에요.

사실 게아재비는 게보다는 사마귀에 가까운 곤충인데요, 집게발 부분만 빼면 앞발을 치켜든 모습이 게의 모습하고 비슷한 측면이 있어요.

버마재비

 '버마재비'는 사마귀의 다른 이름이에요. '버마재비'는 '범아재비'라는 말을 소리 나는 대로 쓴 말인데, 곤충 세계에서 사마귀의 무서움은 마치 산속에 사는 범과 같이 무섭다는 뜻으로 사마귀를 '범아재비'라고 했던 거예요.

 산속에서 범이 얼마나 무서운지는 앞에서 이야기했었던 거 기억나지요?

살쾡이

고양이 종류에는 여러 가지가 있어요. 사자나 치타, 표범들도 모두 고양이 종류예요. 우리나라 북쪽에는 독특한 종류의 고양이가 살고 있는데요, 바로 삵이라는 동물이에요. 고양이하고 비슷하게 생겼지만 훨씬 사납고 재빠르지요.

'삵'은 다른 말로 '살쾡이'라고도 해요. 이 말은 '삵'이라는 말하고 '고양이'의 지방말인 '괭이'라는 말이 합쳐져서 만들어진 말이에요. 그러니까 '살쾡이'라는 말은 '고양이처럼 생긴 삵'이라는 뜻인 거지요.

도마뱀

　도마뱀은 뱀의 일종이지만, 뱀처럼 둥글고 가늘게 생기지 않고 납작하고 약간 넓적하게 생겼어요. 그래서 그 모양이 부엌에 있는 **도마처럼 생겼다고 해서 '도마뱀'이라고 부르는 거예요.**

　도마뱀은 다른 뱀과 달리 네 개의 다리가 뚜렷해요. 그래서 뱀들은 배로 기어다니는 것 같지만, 도마뱀은 네 다리로 뛰어다니는 거랍니다. 그리고 도마뱀은 위기가 닥치면 자기 꼬리를 잘라서 적을 당황하게 만든 다음에 도망가는 전략을 써요. 도마뱀의 꼬리는 잘라도 다시 자라기 때문에 아까울 게 없거든요.

다른 말에서 온 이름

멧돼지, 멧새, 메뚜기,

 산에서 사는 동물들한테는 특별히 산의 옛말인 '메' 혹은 '멧'이라는 말이 붙어요. '메'는 '뫼'라는 말에서 온 말인데, 처음에는 산에서 사는 동물이나 곤충을 가리키는 말로 쓰이다가 점차 야생 동물이나 곤충을 가리킬 때 쓰는 말로 바뀌었어요.

멧닭, 멧비둘기

 그래서 산에 사는 돼지는 '멧돼지'이고요, 산에 사는 새는 '멧새'고, 산에서 톡톡 뛰어다니는 곤충은 '메뚜기'인 것이지요. 집에서 키우는 닭을 그냥 닭이라고 하거나 집닭이라고 하는데 비해서 야생에서 사는 닭을 '멧닭'이라고 하고요, 마을이나 도시에 사는 비둘기에 비해서 야생에서 사는 비둘기를 '멧비둘기'라고 한답니다.

노린재

앞에서 바퀴벌레가 독특한 향기가 있어서 '향랑자'라는 이름이 있다는 이야기를 했었지요? 향랑자처럼 냄새에 따라 이름이 붙여진 곤충이 또 있어요. 노린재라는 곤충이에요. '노린재'라는 말은 '노린내가 나는 곤충'이라는 뜻이에요.

노린재의 다른 이름으로 '향랑각시'라는 이름이 있어요. 향랑각시는 '향기 나는 주머니가 있는 아가씨'라는 뜻이에요. 하지만 노린재의 냄새는 아주 고약하고 한참 동안이나 없어지지 않으니까 손에 묻지 않도록 조심해야 해요.

권말 부록

도전, 국어왕!

1단계 동물 이름 속담 60

2단계 분류하기

3단계 빈 칸 채우기

4단계 PUZZLE

5단계 의성어, 의태어 표현하기

6단계 모양 연상하기

7단계 소리 연상하기

8단계 동작 연상하기

9단계 색깔 연상하기

10단계 글짓기

정답

1단계 **동물 이름 속담 60**

> 사람들이 흔히 습관적으로 쓰는 말을 관용어라고 해요. 그리고 속담은 뭔지 다들 알죠? 그래요, 예로부터 전해져 오는 격언이나 잠언을 속담이라고 해요. 다음 내용들은 이 책에 나온 동물들과 관련된 관용어나 속담들이에요. 흔히 쓰는 말이고, 꼭 알아야 할 표현들이니까 꼼꼼히 읽어 보세요.

개구리 올챙이 적 생각 못한다
형편이나 사정이 전에 비하여 나아진 사람이 지난날의 미천하거나 어렵던 때의 일을 생각지 아니하고 처음부터 잘난 듯이 뽐냄.

우물 안 개구리
넓은 세상의 형편을 알지 못하는 사람.

병아리 눈물만큼
매우 적은 수량.

꿩 대신 닭

적당한 것이 없을 때 그와 비슷한 것으로 대신하는 경우.

꿩 먹고 알 먹기

한 가지 일로 두 가지 이상의 이익을 보게 됨.

부엉이 방귀 같다

부엉이는 자기가 뀐 방귀에도 놀란다는 뜻으로, 사소한 일에도 잘 놀란다는 말.

부엉이 곳간

부엉이는 둥지에 먹을 것을 많이 모아 두는 버릇이 있다는 데서, 없는 것 없이 다 갖추어져 있는 경우.

뻐꾸기도 유월이 한철이라

뻐꾸기도 음력 유월이 한창 활동할 시기라는 뜻으로, 누구나 한창 활동할 수 있는 시기는 얼마 되지 아니하니 그때를 놓치지 말라는 말.

개똥도 모른다

아무것도 모른다.

개같이 벌어서 정승같이 산다

돈을 벌 때는 천한 일이라도 하면서 벌고 쓸 때는 떳떳하고 보람 있게 씀.

개 발에 편자

옷차림이나 지닌 물건 따위가 제격에 맞지 아니하여 어울리지 않음.

고양이 목에 방울 달기

실행하기 어려운 것을 공연히 의논함.

고양이 세수하듯

남이 하는 것을 흉내만 내고 그침.

고양이 앞에 쥐

무서운 사람 앞에서 설설 기면서 꼼짝 못한다는 말.

고양이한테 생선을 맡기다
고양이한테 생선을 맡기면 고양이가 생선을 먹을 것이 뻔한 일이란 뜻으로, 어떤 일이나 사물을 믿지 못할 사람에게 맡겨 놓고 마음이 놓이지 않아 걱정함.

범의 아가리
매우 위태로운 지경.

호랑이도 제 말 하면 온다
다른 사람에 관한 이야기를 하는데 공교롭게 그 사람이 나타나는 경우.

하룻강아지 범 무서운 줄 모른다.
철없이 함부로 덤비는 경우.

호랑이에게 물려 가도 정신만 차리면 산다.
아무리 위급한 경우를 당하더라도 정신만 똑똑히 차리면 위기를 벗어날 수가 있다는 말.

사람은 죽으면 이름을 남기고 범은 죽으면 가죽을 남긴다

호랑이가 죽은 다음에 귀한 가죽을 남기듯 사람은 죽은 다음에 생전에 쌓은 공적으로 명예를 남기게 된다는 뜻.

가재 치다

가재가 뒷걸음질을 잘 친다는 뜻으로, 샀던 물건을 도로 무르는 것을 이르는 말.

등 진 가재

남의 세력에 의지하고 있는 사람.

가재는 게 편

모양이나 형편이 서로 비슷하고 인연이 있는 것끼리 서로 잘 어울리고, 사정을 보아주며 감싸 주기 쉬움을 이르는 말.

도랑 치고 가재 잡는다

(1) 일의 순서가 바뀌었기 때문에 애쓴 보람이 나타나지 않음. (2) 한 가지 일로 두 가지 이익을 봄.

두꺼비 파리 잡아먹듯

음식을 매우 빨리 먹어 버리는 모습.

넙치가 되도록 얻어맞다

몹시 얻어맞다.

값싼 갈치자반

값이 싸면서도 쓸 만한 물건을 이르는 말.

고래 싸움에 새우 등 터진다

강한 자들끼리 싸우는 통에 아무 상관도 없는 약한 자가 중간에 끼어 피해를 입게 됨.

고슴도치도 제 새끼는 함함하다고 한다

어버이 눈에는 제 자식이 다 잘나고 귀여워 보인다는 말.

물에 빠진 생쥐

물에 흠뻑 젖어 몰골이 초췌한 모양.

놀란 토끼 눈을 하다
뜻밖이거나 놀라 눈을 크게 뜨다.

산토끼를 잡으려다가 집토끼를 놓친다
지나치게 욕심을 부리다가 이미 차지한 것까지 잃어버리게 됨.

게 눈 감추듯
음식을 허겁지겁 빨리 먹어 치움.

입에 게거품을 물다
몹시 흥분하여 떠들어 대는 경우.

게 등에 소금 치기
아무리 해도 쓸데없는 짓을 이르는 말.

꽃 본 나비
사랑하는 사람을 만나서 기뻐하는 모습을 이르는 말.

미꾸라지 용 됐다
미천하고 보잘것없던 사람이 크게 되었음을 이르는 말.

미꾸라지 한 마리가 온 웅덩이를 흐려 놓는다
미꾸라지 한 마리가 흙탕물을 일으켜서 웅덩이의 물을 온통 다 흐리게 한다는 뜻으로, 한 사람의 좋지 않은 행동이 그 집단 전체나 여러 사람에게 나쁜 영향을 미침.

물 찬 제비
(1) 물을 차고 날아오른 제비처럼 몸매가 아주 매끈하여 보기 좋은 사람을 이르는 말. (2) 동작이 민첩하고 깔끔하여 보기 좋은 행동을 함.

다람쥐 밤 까먹듯
욕심스럽게 잘 먹는 모양을 이르는 말.

다람쥐 쳇바퀴 돌듯
앞으로 나아가거나 발전하지 못하고 제자리걸음만 함을 이르는 말.

두더지 땅굴 파듯
(1) 일을 욕심스럽게 마구 해 대는 모습. (2) 목적한 바를 이루기 위하여 인내심 있게 노력함.

개미 새끼 하나 볼 수 없다
아무도 찾아볼 수 없다.

개미가 절구통 물고 나간다
약하고 작은 사람이 힘에 겨운 큰일을 맡아 하거나, 무거운 것을 가지고 감.

입에 거미줄 치다
가난하여 먹지 못하고 오랫동안 굶다.

쌀독에 거미줄 치다
먹을 양식이 떨어진 지 오래됨.

송도 말년의 불가사리라
고려 말에 불가사리라는 괴물이 나타나 못된 짓을 많이 하였으나 죽이지 못하였다는 이야기에서 나온 말로, 몹시 무지하고 못된 짓을 하는 자를 이르는 말.

암치 뼈에 불개미 덤비듯
이익이 있을 만한 것에 이 사람 저 사람 덤비어 달라붙는 모양.

곰 설거지하듯
일을 하여도 보람이 안 나는 경우.

재주는 곰이 넘고 돈은 되놈이 받는다
수고하여 일한 사람은 따로 있고, 그 일에 대한 보수는 다른 사람이 받는다는 말.

여우가 죽으니까 토끼가 슬퍼한다
같은 부류의 슬픔이나 괴로움 따위를 동정함을 이르는 말.

노루 꼬리만 하다
매우 짧다.

노루 잠자듯
⑴ 깊이 잠들지 못하고 여러 번 깨어남. ⑵ 조금 밖에 못 잠.

노루 피하니 범이 온다
일이 점점 더 어렵고 힘들게 되었음을 이르는 말.

까마귀가 검기로 마음도 검겠나
⑴ 겉모양이 허술하고 누추하여도 마음까지 악할 리는 없음을 이르는 말. ⑵ 사람을 평가할 때 겉모양만 보고 할 것이 아니라는 뜻.

까마귀가 아저씨 하겠다
손발이나 몸에 때가 너무 많이 끼어서 시꺼멓고 더러운 것을 놀리는 말.

까마귀 날자 배 떨어진다
아무 관계없이 한 일이 공교롭게도 때가 같아 어떤 관계가 있는 것처럼 의심을 받게 됨.

올빼미 눈 같다
낮에 잘 보지 못하거나, 낮보다 밤에 더 잘 보는 경우.

대낮의 올빼미
어떤 사물을 보고도 알아보지 못하고 멍청하게 있는 것을 이르는 말.

박쥐의 두 마음
우세한 쪽에 붙는 기회주의자의 교활한 마음을 이르는 말.

동물 이름과 관련된 관용어와 속담들을 알아보았어요. 친구, 부모님, 선생님과 이야기 나눌 때 이 말들을 활용해서 표현해 보세요. 여러분이 하고 싶은 말을 훨씬 쉽게 전달할 수 있어요.

2단계 **분류하기**

🔍 산에 사는 동물에는 ○, 들판에 사는 동물에는 △, 집에서 기르는 동물에는 □, 바다에 사는 동물에는 ☆ 표시를 해 보아요.

잠깐! 답: 꿩, 붕어, 다람쥐, 고등어, 뱀, 거미, 개, 병아리, 호랑이, 돼지, 나비, 두꺼비

🔍 아래 동물 중 소리에서 따온 이름에는 ○, 모양에서 따온 이름에는 △, 동작에서 따온 이름에는 □, 색깔에서 따온 이름에는 ☆ 표시를 해 보아요.

12개 이상 맞았으면 3단계 문제로 넘어가세요. 단, 틀린 문제는 본문 내용을 다시 한 번 꼭 읽어보세요.

☆꾀꼬리, 개나리, □파랑새, 꽃게, 음중·○매미, 미꾸라지, 개미핥기, 세발톱·동작·○뻐꾸기, 가재, 꾀꼴, 앞뒤로·○귀뚜라미, 푸름·□불가사리, □딱따구리, □메뚜기

권말 부록 85

3단계 빈 칸 채우기

예) 호랑이의 순우리말은 ___범___ 이에요.

초급 6문제

1. _____는 '붉은색을 띠고 있는 가사리' 라는 뜻

2. _____는 '붉은색 개미' 라는 뜻

3. _____는 노린내가 나는 곤충이라는 뜻

4. 넙치의 눈은 둘 다 _____으로 몰려 있답니다.

5. 영덕대게는 길쭉한 다리 모양이 꼭 _____ 같아서 대게라고 해요.

6. 제비는 주로 _____에 우리나라를 찾아요.

중급 7문제

1. 쐐기는 _____의 애벌레예요.

2. 날치는 _____라는 뜻이에요.

3. 다람쥐는 _____라는 뜻에서 온 말이에요.

4. 가자미는 넙치와 반대로 눈이 둘 다 _____에 몰려 있어요.

5. 옛날에는 병아리가 _____ 운다고 생각했어요.

6. 옛날 사람들은 개가 _____ 운다고 생각했어요.

7. 염소는 본래 _____ 라는 뜻에서 온 말이에요.

1. 깨기나룻 2. 부아아랑 3. 물뛰기 치 4. 머리 오글곶 5. 비뚤비뚤 6. 그응그응 7. 수염

고급 7문제

1. 꿩은 수컷을 _____, 암컷을 _____, 새끼는 _____ 라고 해요.

2. 바퀴벌레의 다른 이름은 '향기가 나는 아가씨' 라는 뜻으로 _____ 였어요.

3. 나불나불, 나부낀다는 말은 모두 _____ 에서 온 말이에요.

4. 톡토기는 주로 _____ 를 먹고 살아요.

5. 거미는 몸이 ___ 부분으로 되어 있고 다리도 ___ 개나 있어서 곤충 종류에 포함되지 않아요.

6. 박쥐는 귀가 밝아서 _____ 을 통해 어두운 동굴에서도 살아갈 수 있어요.

7. 노린재의 다른 이름은 '향기 나는 주머니가 있는 아가씨' 라는 뜻의 _____ 였어요.

1. 장끼, 까투리, 꺼벙이 2. 향랑자 3. 나풀나풀 4. 곰팡이 5. 두, 여덟 6. 초음파 7. 방귀각시

권말 부록 87

4단계 PUZZLE

가로 열쇠

1) 몸 바닥에 나 있는 빨판으로 사람이나 동물의 몸을 거머쥐듯이 달라붙어 피를 빨아 먹는 기생 동물.

2) 온몸이 붉고 약간 투명한 개미.

3) 바다 밑 갯벌에 살면서 주로 조개류를 잡아먹고 사는 뼈 없는 동물.

5) 진흙이 많은 실개천의 바닥에서 주로 살고 몸이 미끌미끌해서 맨손으로 잡기 어려운 동물.

7) 사람들이 손으로 두 다리를 꼭 집으면 꼭 방아를 찧는 것처럼 아래 위로 쿵더쿵 쿵더쿵 하고 몸을 놀리는 동물.

10) '해오라기'의 어원.

12) 온몸에 나 있는 뾰죽뾰죽한 가시들로 자신을 보호하는 동물.

세로 열쇠

1) 몸은 두 부분으로 되어 있고 다리도 여덟 개나 있어서 곤충 종류에 포함되지 않는 동물.

2) 눈치가 빠르고 머리가 좋아서 아주 약고 재빠른 사람을 말할 때 흔히 쓰는 표현. ○○○ 같다.

4) 물가에 사는 오리 비슷한 새 중에 까마귀처럼 온몸이 검은 새.

6) 게와 비슷하게 생겼지만 사마귀에 가까운 동물.

8) 동작이 아주 잽싸고 빠른 경우에 쓰는 말. 물 찬 ○○ 같다.

9) 나병에 걸려 화제가 되었던 시인. 이 책에는 그의 동시 '개구리'가 실렸다.

11) '물돼지'라는 다른 이름을 가진 동물.

13) 다람쥐가 주로 먹는 것.

※ 퍼즐을 다 푼 다음 ☆ 표시한 말을 이어 보세요.

5단계 의성어, 의태어 표현하기

🔍 모양이나 움직임을 흉내 낸 말을 의태어라고 하지요. 앞뒤 말을 읽고 빈 칸에 알맞은 의성어나 의태어를 적어 보세요.

　예) 개구리는 폴짝폴짝 뛰어요.

1. 병아리들이 _____ 울어요.
2. 숲속에서 딱따구리가 _____ 나무껍질을 뚫어요.
3. 뻐꾸기시계가 _____ 울어요.
4. 개가 _____ 짖어요.
5. 호랑이가 _____ 울어요.
6. 두꺼비 등짝에는 _____ 혹이 났어요.
7. 갈치는 _____ 은빛이 나요.
8. 고슴도치는 온몸에 _____ 가시가 나 있어요.
9. 나비는 _____ 날아요.
10. 톡토기는 _____ 튀어다녀요.
11. 쐐기한테 쏘이면 _____ 부어요.
12. 베짱이는 _____ 베를 짜요.
13. 미꾸라지는 _____ 잘도 빠져나가요.
14. 까마귀가 _____ 울어요.

| 6단계 모양 연상하기 |

🔍 앞뒤 말을 읽고 떠오르는 비슷한 사물이나 동물을 빈 칸에 적어 보아요.

　　예) 가재 앞발은 꼭 가위처럼 생겼어요.

1. 두꺼비 등에 난 우둘투둘한 혹이 꼭 _____ 같아요.
2. 고슴도치의 가시가 꼭 _____ 같아요.
3. 불가사리는 생긴 게 꼭 _____ 같아요.
4. 불여우는 길고 뾰족한 주둥이가 마치 _____ 같아요.
5. 가마우지의 긴 목이 마치 _____ 같아요.

| 7단계 소리 연상하기 |

🔍 앞뒤 말을 읽고 떠오르는 비슷한 소리를 빈 칸에 적어 보아요.

1. 나무를 쪼아대는 딱따구리의 딱딱딱딱 소리가 마치 _____ 같아요.
2. 뻐꾹뻐꾹 뻐꾸기시계 소리가 _____ 같아요.

3. 어흥! 호랑이 울음소리가 _____ 같아요.

4. 토독토독 다람쥐 도토리 까먹는 소리가 _____ 같아요.

8단계 동작 연상하기

🔍 앞뒤 말을 읽고 떠오르는 말을 빈 칸에 적어 보아요.

1. 엄마 닭을 따라서 병아리들이 _____ 따라가고 있어요.

2. 나비가 나풀나풀 날아가는 게 꼭 _____ 같아요.

3. 톡토기는 톡톡 튀어 다니는 게 꼭 _____ 같아요.

9단계 색깔 연상하기

🔍 앞뒤 말을 읽고 색깔을 나타내는 말을 빈 칸에 적어 보아요.

1. 불곰의 붉은 털빛깔이 _____ 닮았어요.

2. 노루의 노란 털빛이 _____ 닮았어요.

3. 해오라기의 하얀 깃털이 _____ 닮았어요.

4. 까마귀는 머리끝부터 발끝까지 까만 게 _____ 같아요.

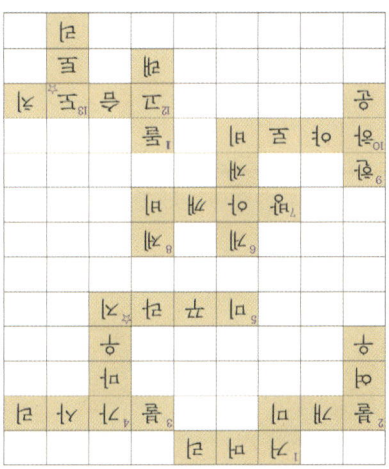

5단계 의성어, 의태어 표현하기
1. 빼꼼빼꼼 2. 반짝반짝 3. 빠끔빠끔 4. 말랑 5. 아등 6. 우둘투둘 7. 티격태격 8. 배꼼빼꼼 9. 나풀나풀 10. 빙글 11. 둥둥 12. 씩씩 13. 미끌미끌 14. 까치발

6단계 묘사 연습하기
1. 동서남 2. 아저씨 3. 만능그릇의 왕 4. 고릴라자 5. 사상대

7단계 수식 연습하기
1. 언덕 자르 수식 2. 우리 이빠의 글짓기 수식 3. 붉은 타자 수식 4. 나의 받을 수식

8단계 동사 연습하기
1. 충동적으로 2. 중이 연 3. 말을 타다 4. 그 다른

9단계 생략 연습하기
1. 드림 2. 글 3. 세월 4. 좀

10단계 글짓기

🔍 아래 내용들은 이 책 일부를 그대로 옮겨온 거예요. 각각의 글을 읽고 다음에 무슨 일이 일어났는지 여러분이 상상한 대로 표현해 보세요.

엄마 닭을 따라서 병아리들이 종종걸음으로 따라가고 있어요. 아빠 닭은 멀찌감치 떨어져 있네요.

병아리 가족에게 과연 무슨 일이 일어났을까요? 왜 아빠 닭은 멀찌감치 떨어져 있을까요?

불가사리는 바다 밑 갯벌에 살면서 주로 조개류를 잡아먹고 사는 뼈 없는 동물이에요. 불가사리는 바다 바닥을 기어 다니기도 하지만, 보통은 바다의 흐름을 타고 옮겨 다녀요.

불가사리는 바다의 흐름을 타고 가서 누구를 만나고 무슨 이야기를 했을까요? 무시무시한 이빨을 가진 상어를 만났을까요? 남극에 사는 펭귄을 만났을까요? 여러분의 생각이 궁금해요.

파랑새는 동화 「파랑새」에서 치르치르와 미치르가 찾아 헤매다가 결국은 자신들의 집에서 키우던 비둘기가 파랑새였음을 깨닫는 이야기로 널리 알려진 새예요.

여러분에게 파랑새는 무엇인가요? 왜 그런지도 알고 싶어요.

마지막 문제까지 풀었나요? 여러분은 이제 국어왕이에요. 엄마, 아빠께 국어왕이라고 자신 있게 말하세요! 축하합니다! 여러분~ 3권에서 만나요~!